Kreatives GartenDesign

Ulrika Grönlund ~ Cecilia Eklund
Fotos von Gunnar Nydrén
Übersetzung von Wiebke Krabbe

Lifestyle
BUSSE
SEEWALD

Inhalt

Vorwort

Dieses Buch ist das Ergebnis von mehreren Jahren des Ideensammelns und des engen Zusammenwirkens mit Menschen, die ihre Gärten zu einem funktionalen, persönlichen und vor allem schönen Ort gemacht haben. Sie gaben uns viele Tipps und Ratschläge, Ideen und Inspirationen, die Ihnen dabei helfen können, Ihren Traumgarten Wirklichkeit werden zu lassen.

Egal, ob Sie nur einen kleinen Vorgarten oder ein großes Grundstück haben – die grundlegenden Elemente sind stets dieselben: Boden, Wände und Überdachung. Denn wenn Sie den Garten als eine Verlängerung Ihres Hauses betrachten, wird es Ihnen umso leichter fallen, sich darüber klar zu werden, welche Funktion er haben soll. Wünschen Sie sich zum Beispiel große, begrünte Flächen mit viel Platz zum Feiern oder hätten Sie lieber eine kleine Oase mit lauschigen Plätzchen zum Träumen? Sehnen sich die Kinder nach einem Abenteuerspielplatz? Ließe sich das mit Ihrem eigenen Bedürfnis nach einem ruhigen, abgeschirmten Platz für die Hängematte vereinbaren?

Es empfiehlt sich immer, zunächst einmal eine Skizze anzulegen, um sich über die genauen Wünsche klar zu werden. Sehr hilfreich ist auch eine Liste mit Worten und Begriffen, die die gewünschte Stimmung und Funktion des Gartens umschreibt. Sie ist ein wichtiges Hilfsmittel bei der Planung und dem Ankauf von Material und Werkzeug.

In unserem Buch finden Sie auch eine Menge von Dekorationsideen, zum Beispiel das Anlegen eines Brunnens oder für den Formschnitt an Büschen und Bäumen. Wir stellen Ihnen außerdem eine Reihe von Grünpflanzen vor, die sich in den von uns besuchten Gärten sehr bewährt haben.

Vielen Dank an all die Gartendesigner und Privatpersonen, die uns gestattet haben, ihre privaten Gärten zu fotografieren – ohne Sie hätte dieses Buch nicht entstehen können!

Ulrika Grönlund & Cecilia Eklund

Sitzplätze

Sitzen und Entspannen

Gärten sollen ein Ort der Entspannung sein. Daher muss man schon in der Planungsphase an genügend Sitzplätze zum Verweilen und Abschalten denken. Gehen Sie einmal bewusst durch Ihren Garten und werden sich all der Stellen bewusst, an denen Sie sich wie selbstverständlich niederlassen. Eine Ecke in voller Morgensonne ist ideal für einen Frühstücksplatz, während für das Mittag- oder Abendessen, besonders in der heißen Sommerzeit, ein geschütztes und schattiges Plätzchen besser geeignet ist. Dort ist wohl auch der beste Standort für den Grill, denn hier versammelt man sich sicher auch zu Gartenparties.

SITZPLÄTZE IM WANDEL DER JAHRESZEITEN

Gibt es in Ihrem Garten einen besonderen Blickfang, etwa einen Brunnen, ein besonders schönes Zierbeet oder vielleicht einen prachtvollen Küchengarten? Stellen Sie dort einen Liegestuhl oder eine Bank auf – vielleicht unter dem blühenden Kirschbaum, mit Blick auf die voll erblühten Pfingstrosen oder vor einem Beet von wogenden Herbstanemonen. Auch die Möbel können schon für sich genommen zum Blickfang werden – wie wäre es mit einer schlichten Betonbank oder einem romantischen, altmodischen Gartenstuhl aus Gusseisen?

KLEINE UND GROSSE SITZPLÄTZE

Ein Sitzplatz kann sehr unterschiedliche Form haben – vielleicht ein klassischer Essplatz für mehrere Personen, ein Liegestuhl für das Mittagsschläfchen oder vielleicht sogar eine Hängematte zum Träumen oder für beschauliche Lesestunden.

① Ein Sitzplatz im Garten kann schon ein einzelner Stuhl sein oder, wie hier, ein schattiges Plätzchen für zwei. Statt ein Beet anzulegen, hat man hier den Platz zwischen Mauer und Fliesen mit Strandkieseln aufgeschüttet. Perfekt für zwei Stühle und einen Olivenbaum.

② Die Verlängerung der Treppe zur Holzterrasse dient als praktische Sitzbank. Auf Sommerparties werden die Sitzkissen einfach weggenommen und schon gibt es reichlich Stellplatz für das Buffet!

③ Was wären beschauliche Sommertage ohne Hängematte? In dieser stillen Ecke fühlt man sich wie auf einer einsamen Insel, denn der Boden ist mit feinem Kies bedeckt und eine stilechte Taurolle ringelt sich um einen Baumstamm. Die Strandgrasbüschel rauschen herrlich im Sommerwind.

④ Müssen Sie auf Ihrem Grundstück ein paar Bäume fällen? Bevor Sie die Stämme ganz entfernen, schauen Sie sich einmal dieses praktische Gestell für Hängesessel an – vielleicht lässt sich das auch bei Ihnen umsetzen?

①

②

③

④

①

FLEXIBLER AUSSENRAUM AUF VERSCHIEDENEN EBENEN

① Mit ein wenig Planung kann ein Außenraum verschiedene Funktionen erfüllen. Auf der Abbildung links wurde die Holzterrasse in zwei Bereiche aufgeteilt: einen Sonnenplatz und eine überdachte Terrasse mit Essplatz. Der Essbereich ist mit Infrarotstrahlern und Windschutz-Rollo ausgestattet, sodass man sich dort bis weit in den Spätherbst hinein aufhalten kann. Die verschiedenen Ebenen der Holzterrasse und die Pergola sorgen für optische Abgrenzung und gleichzeitig für einen harmonischen Übergang.

② Eine zusätzliche Ebene zwischen Terrasse und Garten wirkt harmonisch und lädt zum Herunterwandern ein.

③ Wenn die Holzterrasse sich über einen großen Bereich Ihres Grundstückes erstrecken soll, können verschiedene Ebenen das Gesamtbild auflockern. Hier befindet sich der Essplatz eine Stufe über der Sonnenterrasse rund um das Schwimmbecken.

④ Das L-förmige Holzdeck dient als Essplatz und Sonnendeck. Die leichte Erhöhung gegenüber der mit Steinfliesen ausgelegten Terrasse lässt das relativ kleine Grundstück weitläufiger erscheinen.

②

③

④

DURCH HOLZSTEGE VERBUNDEN

① Holzstege haben viele Vorteile. Sie fühlen sich angenehm unter den Füßen an und sind leicht sauber zu halten. Verlaufen sie bis zum Haus, wird weniger Schmutz nach drinnen getragen. Sie brauchen die Gartenmöbel nicht wegzutragen, wenn es Zeit ist, den Rasen zu mähen. Und das Beste ist: Holz passt praktisch zu jedem Baustil. Man kann damit mehrere Funktionsbereiche aneinander koppeln – zum Beispiel, indem man die Terrasse über mehrere Ebenen in den Garten hinein erweitert oder, indem man Pool oder Gewächshaus durch einen Holzsteg mit der Terrasse verbindet.

② Hier wurde die verhältnismäßig tief gelegene Terrasse durch einen Steg mit einem weiteren Sitzplatz im Schatten der Bäume verbunden. Am Ende des Steges befindet sich ein Gartenhäuschen.

ELEGANT IM GRÜNEN

③ ④ Ein pflegeleichter und stimmungsvoller Essplatz ganz im Grünen: Die Pergola ist dicht mit Efeu überwachsen, sodass hier stets angenehmer Schatten herrscht. Bambus und Gräser runden das Bild ab. Es dauert mehrere Jahre, bis eine so große Fläche voll begrünt ist, aber das Endergebnis ist das Warten wert.

①

②

③

EIN LAUSCHIGES PLÄTZCHEN – OHNE GRÜN

Eine begrünte Pergola ist ein lauschiges und geschütztes Plätzchen, doch es dauert etliche Jahre, bis die Pflanzen ganz emporgewachsen sind. Eine Flechtwand aus Weidenzweigen ist eine schöne Alternative und es ist gar nicht so schwer, sie selbst zu machen. Erkundigen Sie sich einmal in Ihrem Gartencenter – vielleicht gibt es Flechtkurse ganz in ihrer Nähe!

① Für einen kleineren Sitzplatz reicht statt der kreisförmigen auch eine halbkreisförmige Anordnung.

② Ein Pfad aus Natursteinplatten führt zu dem geschützten Essplatz zwischen den Flechtwänden.

③ Eine einfache, schöne und natürliche Lösung. Wer mag, kann zusätzlich Begrünung an der Innenseite der Flechtwände hochklettern lassen.

①

②

①

②

③

SCHATTENPLÄTZE

Ein bedachter Außenplatz schützt vor Sonne und Regen und schafft eine intimere Atmosphäre als ein Sonnenschirm. Es gibt dafür eine schier unbegrenzte Auswahl an Möglichkeiten, von flexiblen Lösungen wie Markisen bis hin zu Dauerkonstruktionen wie Pergolen oder Glas- und Kunststoffüberdachungen. Richten Sie sich danach, was zu Ihrem Haus passt. Es muss nicht einmal teuer sein – auch einfache Segeltuchplanen können so wirksam wie attraktiv sein.

① ② ③ Schräge Winkel sorgen für interessante Effekte: Dreieckige Segeltuchplanen verlängern den überdachten Terrassenplatz nach außen, sodass nun die Begrünung jenseits der verlängerten Holzterrasse die Funktion der „Außenwand" annimmt. Ein idealer Platz an heißen Sommertagen.

④ Eine Pergola sorgt für Schatten, ohne den Lichteinfall von oben zu unterbinden. Wenn der Platz darunter vor Regen geschützt werden soll, kann man die Pergola mit Glas oder transparentem Plexiglas abdecken.

⑤ Wer keine Markisen mag, spannt einfach eine weiße Segeltuchplane über den Essplatz. Eine einfache, schöne und preiswerte Lösung.

⑤

① ② Hier wurde der Außen-Essplatz mit transparentem Plexiglas überdacht. Das schwarze Holzspalier und die unter das Dach gespannten weißen Stoffbahnen wirken beinahe fernöstlich. Durch zusätzliche Bambusrollos und Infrarot-Strahler hat man es hier auch im Frühling und im Herbst warm und gemütlich.

DEKORATIVE DETAILS

Schöne Gartenmöbel, Container mit schönen Pflanzen, eine Skulptur – es gibt viele Möglichkeiten, den Sitzplatz im Garten schön und interessant zu gestalten. Duftende Pflanzen, zum Beispiel der würzige Trompetenbaum oder der nach Vanille duftende Heliotrop, sorgen an Sommerabenden für eine besonders angenehme Atmosphäre. Springbrunnen, Teiche oder Vogeltränken sind stets ein interessanter Blickfang, doch auch eine Schale mit selbst gesammelten Strandkieseln macht sich sehr schön auf der Terrasse. Es sind die kleinen Details, die einer Umgebung ihr ganz persönliches Gepräge geben und das Schöne ist, dass man sie im Handumdrehen auswechseln kann.

③ Ein Korb mit selbst gesammelten Strandkieseln – verblüffend einfach und wunderbar effektiv.

①

②

①

MULTIFUNKTIONSMÖBEL FÜR DRAUSSEN

① Aus Blähton oder Lecablöcken kann man die tollsten Sachen bauen. Diese Familie wünschte sich eine Feuerstelle mit Grill, zusätzlichen Ablage- und Aufbewahrungsplatz sowie einen Extra-Sitzplatz in unmittelbarer Nähe des Essplatzes.

② ③ ④ Für dieses Vielzweckmöbel brauchen Sie Lecablöcke, hitzebeständige Ziegel, Bewehrungsstahl, Mörtel und Grillgitter.

②

③

④

Wasser im Garten

Glitzerndes Wasser belebt den Garten

Wassertropfen, die im Sonnenschein glitzern, das Plätschern eines Springbrunnens ... Wasser lässt uns zur Ruhe kommen, während es den Garten gleichzeitig belebt. Und es ist zu allen Jahreszeiten schön – die ersten Eiszapfen des Winters faszinieren uns nicht minder als ein Teich voller blühender Seerosen im Juli.

Wasser im Garten kann viele Formen annehmen. Die einfachste Lösung ist eine Vogeltränke – Sie müssen nur daran denken, das Wasser regelmäßig nachzufüllen und es von Zeit zu Zeit zu wechseln. Vogeltränken aus Stein oder Beton sind übrigens ein wunderschöner Rahmen für die Blüten der Saison: Lassen Sie einmal ein paar Stockrosenblüten oder ein paar Hosta-Blätter auf der Wasserfläche treiben.

EINFACHE BRUNNEN SELBER BAUEN

Lieben Sie das Geräusch rieselnden Wassers? Dann bauen Sie doch einmal einen Gartenbrunnen. Bei Springbrunnen denken die meisten von uns wohl an Kaskaden, die sich aus klassischen Fontänen oder Löwenmäulern ergießen, doch wer es gern einfacher und schlichter hätte, findet ebenfalls eine Menge von Möglichkeiten.

① Zuerst wird ein großer Kübel oder eine Wanne in den Boden eingelassen und mit Kies oder Sand befestigt. Dann kommt eine Pumpe hinein, die durch einen Schlauch mit dem Springbrunnen-Element verbunden ist. Das kann zum Beispiel ein einfacher Feldstein sein, in den zuvor ein Loch gebohrt wurde, oder ein anderer geeigneter Gegenstand. Dann wird der Wasserbehälter mit Gitterblech oder Hühnerdraht abgedeckt und das Ganze zum Beispiel mit grobem Kies oder Kieselsteinen kaschiert. Das hochgepumpte Wasser tritt durch die Brunnenöffnung aus und läuft danach wieder in den Behälter zurück.

② Gartenbrunnen aus Beton

③ Schön und leicht nachzuarbeiten. Von dem selbst gegossenen Betonbecken läuft das Wasser in ein mit Kieseln gefülltes Loch in der Holzterrasse.

④ Feldsteine geben sehr attraktive Gartenbrunnen ab. Das durch das Bohrloch austretende Wasser sorgt für einen dekorativen Hell-Dunkel-Kontrast.

①

②

③

①

② 

③ 

④ 

① Ein echter Hingucker ist so eine Glaswand, an der das Wasser stetig herunterrieselt und im Sonnenlicht glitzert und funkelt.

② Wasser im Mittelpunkt zwischen Yin und Yang. Wasser ist eines der fünf Elemente der chinesischen Naturphilosophie des Feng Shui.

③ Von dem selbst gegossenen, mit Buchsbaum eingerahmten Betonbecken rieselt das Wasser in ein Bett aus grauen Kieseln.

④ Das grafische Muster dieser Betonspirale zieht alle Blicke auf sich.

① In einer Reihe angeordnete quadratische Vogeltränken spiegeln den Himmel wieder und lassen den Platz dadurch größer erscheinen.

② Sogar ein alter Grill lässt sich zu einer dekorativen Vogeltränke umfunktionieren.

③ Ein dekoratives Keramikbecken mit etwas Wasser und einem dekorativen Feldstein – aufwändiger muss es gar nicht sein!

①

②

①

① ② Hier wird die Holzterrasse auf ungewöhnliche, doch nicht minder dekorative Weise von einer Wasserrinne abgeschlossen. Die Zinkbehälter sind Maßanfertigungen vom Klempner. Wer will, kann die Rinne noch zusätzlich bepflanzen. Und wenn sich die Vögel zu einem Bad verlocken lassen, ist die Freude doppelt groß.

③ Eine riesige Holzbütte kann man Sommers wie Winters als Tauchbad verwenden. Nach einer Weile fügt sich die leichte Alterspatina des Holzes harmonisch in die Umgebung aus Bambus, Farnen und Feldsteinen ein.

②

③

Form-schnitte

Fantasievolle Formen geben dem Garten ein neues Gesicht

Haben Sie einen langweiligen Lebensbaum oder eine große Eibe in Ihrem Garten? Freuen Sie sich! Viele Leute fällen heute die inzwischen wild ausgewucherten Koniferen, die in den 1970er-Jahren so beliebt waren. Doch mit etwas Arbeit und Fantasie können Sie daraus regelrechte Schönheiten machen.

INTERESSANTE KONTRASTE AUCH IM WINTER

Schön in Form geschnittene Bäume und Hecken geben dem Garten ganz neue Konturen. Die klaren Linien und Konturen bilden einen schönen Kontrast zu lockeren Gebilden wie beispielsweise Ziergräser oder Rosenbüsche. Immergrüne Pflanzen wie Thuja, Buchsbaum und Eibe sind, schön in Form geschnitten, das ganze Jahr über ein Blickfang im Garten.

VON DER NATURFORM AUSGEHEND

Heute gibt es im Gartencenter viele Modelle für Formschnitte zu kaufen, aber es macht natürlich viel mehr Spaß, seine eigenen Kunstwerke zu gestalten. Eibe und Thuja sind ideal für einfache, klare Formen, doch für komplexere Figuren sollten Sie langsam wachsende Pflanzen mit kleinen Blättern wählen, zum Beispiel Buchsbaum.

Gehen Sie bei der Gestaltung von der natürlichen Wuchsform der Pflanze aus. Was kommt Ihnen beim Betrachten in den Sinn? Eine Kugel, ein Kegel – oder verbirgt sich in den Zweigen vielleicht sogar ein Eichhörnchen? Die Wuchsform ist für bestimmte Formen sehr wichtig – wollen Sie zum Beispiel eine Spirale schneiden, sollte der Stamm schön gerade gewachsen sein.

Fünf für den Formschnitt gut geeignete Gewächse

Es gibt eine ganze Reihe von Pflanzen, die man wunderbar in Form schneiden kann. Am besten geeignet (und daher auch am meisten verwendet) sind wohl Buchsbaum und Eibe, doch auch mit Lebensbaum, Bambus und Buche kann man schöne Ergebnisse erzielen.

Buchsbaum

Buxus sempervirens

Mit seinen kleinen, dunkelgrünen Blättern und der kompakten Wuchsform ist Buchsbaum ideal für den Formschnitt geeignet. Da er sehr langsam wächst, kann man sich hier auch an komplexeren Formen versuchen.

Der immergrüne Buchsbaum ist pflegeleicht und fühlt sich daher auch in gewöhnlicher Gartenerde wohl. Sie können ihn während seiner gesamten Wachstumsperiode pflanzen und er verträgt Sonne ebenso gut wie Schatten. Durch die dichten, kompakten Wurzeln ist Buchsbaum auch leicht zu verpflanzen.

Schneiden Sie Ihren Buchsbaum zweimal im Jahr, am Besten zu Beginn der Wachstumsperiode und dann noch einmal Anfang August. Später sollte es nicht sein, da dann Frostschäden entstehen können. Einfache Formen braucht man nur alle zwei Jahre beschneiden, während komplexere mehrere Male im Jahr korrigiert werden müssen.

Buchsbaum braucht viel Dünger, besonders nach dem Beschnitt.

Europäische Eibe

Taxus baccata

Eibe ist sowohl für Hecken als auch für frei stehende Formen bestens geeignet. Das dichte, dunkle Laub des immergrünen Strauches lässt sich auch zu komplexen Figuren zurecht schneiden. Anfangs wächst Eibe sehr langsam, doch hat sie sich einmal etabliert, wird sie hoch und ausladend.

Eibe zieht einen windgeschützten Standort vor, gedeiht jedoch sowohl in der Sonne als auch im Schatten. Sie mag lehmigen oder nährstoffhaltigen Boden, sollte aber nicht zu nahe an den Eingangsbereich gepflanzt werden, denn sie ist empfindlich gegen Streusalz. Achten Sie im Herbst darauf, dass der Boden gut feucht ist, um Austrocknung durch Frost zu vermeiden. Achtung: Eibe ist giftig!

Der Formschnitt erfolgt einmal jährlich im Spätwinter. Die Krone sollte erst dann beschnitten werden, wenn sie die gewünschte Höhe erreicht hat.

Buche

Fagus sylvatica

Buche eignet sich vorzüglich für Hecken, doch sie ist ebenso schön als frei stehende Skulptur im Garten. Die Blätter fallen erst spät im Winter ab, sodass ihr Rascheln im Wind den Verlust des leuchtenden Grüns mehr als aufwiegt.

Der Boden sollte gut durchlässig und sauer sein. Beschneiden Sie Buche zweimal im Jahr, im Frühsommer und im Herbst. Wie bei Thuja und Eibe sollten Sie die Krone so lange unberührt lassen, bis sie die gewünschte Höhe erreicht hat.

Gartenbambus

Fargesia murieliae

Gartenbambus gehört wohl nicht zu den Pflanzen, die einem beim Stichwort Formschnitt als erstes in den Sinn kommen. Doch für einfache Formen wie Kugel oder Kubus sind sie ideal. Die besten Resultate erzielen Sie mit relativ niedrig wachsenden Sorten wie ‚Simba' oder ‚Bimbo'. Bambus ist übrigens auch für Hecken bestens geeignet.

Vor dem ersten Beschnitt sollte der Bambus bereits die gewünschte Höhe und Breite erreicht haben. Schon am nächsten Tag bilden sich neue Triebe. Wenn diese regelmäßig nachgeschnitten werden, wird der Bambus bald dicht und füllig. Meist reicht danach ein gründlicher Beschnitt im Jahr völlig aus, doch wenn nötig, kann man vorwitzige Triebe kappen, sobald sie sich zeigen. Bambus bleibt zwar das ganze Jahr über grün, doch während der Ruhezeit bekommen die Blätter einen leichten Gelbstich.

Lebensbaum

Thuja occidentalis

Die immergrüne Thuja gedeiht eigentlich überall, doch am Wohlsten fühlt sie sich in direkter Sonne. Sie ist für Hecken und für frei stehende Formschnitte geeignet. Wie Buchsbaum kann man auch Thuja relativ leicht versetzen, da das Wurzelwerk dicht und kompakt ist. Im Verbund mit anderen Pflanzen ist jedoch Vorsicht geboten – allzu nahe wachsende Fichten werden schnell verdrängt.

Da Thuja langsam wächst, braucht man sie nicht sehr oft zu beschneiden – einmal jährlich im Spätwinter reicht völlig aus. Kleinere Korrekturen kann man jedoch das ganze Jahr über vornehmen. Lassen Sie jedoch die Krone unangetastet, bis sie die gewünschte Höhe erreicht hat.

Lassen Sie die Pflanzen mitbestimmen

Einfache Formen kann man frei Hand schneiden, doch für komplexere Gebilde machen Sie sich am besten vorher eine Skizze, zum Beispiel einen Höhenschnitt. Aller Anfang ist schwer, doch nach ein paar Schnitten wird es Ihnen bald leichter von der Hand gehen. Machen Sie sich nichts daraus, wenn sich Ihre Gebilde nach ein paar Jahren irgendwie verändert haben und aus dem Kegel eine Pyramide oder aus dem Eichhörnchen ein Huhn geworden ist. Auch Pflanzen haben ein Eigenleben – lassen Sie sie ruhig ein Wörtchen mitreden!

KUGEL

① ② Betrachten Sie die Pflanze zunächst von oben, damit Sie sich ein Bild von deren Umfang machen können. Dann wird sie zunächst rundherum beschnitten, bevor Sie sich an den oberen Teil begeben. Der untere Teil kommt ganz zuletzt, wenn der Rest bereits zu Ihrer Zufriedenheit geformt ist.

Alternativ beginnen Sie mit einem Kubus und beschneiden dann vorsichtig die Ecken, bis das Ganze Kugelform angenommen hat.

SPIRALE

③ ④ Befestigen Sie einen Bindfaden oben an der Krone und winden diesen spiralförmig rund um die Pflanze. Wenn Ihnen die Anordnung gefällt, befestigen Sie den Faden, sodass er beim Beschneiden nicht verrutschen kann, und beginnen entlang der Oberkante des Fadens mit dem Beschnitt. Machen Sie dabei häufige Pausen, um den Verlauf der Spirale, wenn nötig, zu korrigieren. Wenn die obere Kante der Spirale fertig ist, wird die untere ausgeformt.

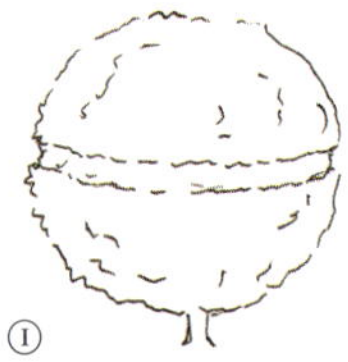
①

②

③

①

Einfache Formen

① Ein Beet aus Buchsbaumkugeln in verschiedenen Größen ist pflegeleicht und attraktiv. Wer es sich ganz leicht machen will, kauft fertige Buchsbaumkugeln im Gartencenter – diese müssen dann nur regelmäßig nachgeschnitten werden. Sie können natürlich auch Kegel, Kuben, Herzen oder allerlei Getier auf Ihrem Buchsbaumbeet wachsen lassen. Das richtet sich ganz nach dem Stil Ihres Hauses.

② Warum sich mit einer einzigen Kugel begnügen, wenn ein ganzes Beet so viel mehr hermacht? Lassen Sie die Kugeln ineinander wachsen, dann haben Sie bald eine Gartenskulptur aus wogenden Rundungen.

③ Wer sagt denn, dass Buchsbaum *auf* das Gartenbeet gehört? Brechen Sie alle Regeln, wenn es Ihnen gefällt, und setzen ihn einfach mitten auf dem Weg!

④ Einfache Formen sind am pflegeleichtesten. So ein Kegel ist ebenso schön als Beetskulptur wie als Abschluss einer Buchsbaumhecke.

⑤ Ein Herz kann man auf verschiedene Weise formen – zum Beispiel, indem man eine fertig gekaufte Kugel oben glatt schneidet, dann eine Herzschablone aus Pappe oder Sperrholz auflegt und die Konturen nacharbeitet.

②

③

④

⑤

①

②

③

④

① Wie wäre es mit einem Buchsbaum-Bonsai? Diese Pflanze ist etwa 20 cm hoch.

② Ein aufrecht stehendes Herz erhalten Sie, indem Sie mehrere Pflanzen mit Blumendraht in Form binden. Der Neuwuchs muss jedoch sehr regelmäßig beschnitten werden, denn das Loch wächst sonst schnell wieder zu!

③ Die Gartenbank wird dekorativ eingerahmt von quadratischen Bambusblöcken. So ein Kubus wäre auch sehr dekorativ als frei stehende Skulptur auf dem Rasen.

④ Der Feldstein, eingerahmt von einer niedrigen Buchsbaumhecke, ist das ganze Jahr über ein dekorativer Blickfang im Garten. Man kann so auch eine ganze Gruppe von verschieden geformten Steinen zur Geltung bringen.

⑤

⑥

IN FORMEN SCHWELGEN

⑤ Wenn Sie sich auf einfache Formen beschränken, lassen sich auch verschiedene Grundformen mit einander verbinden, ohne dass es überladen wirkt. Verschieden hohe Skulpturen sorgen für Dynamik. Hier geben sich unter anderem Buchsbaum, Liguster und Rhododendron ein Stelldichein.

⑥ Der frei sichtbare Stamm gibt diesem Bäumchen ein geradezu asiatisches Gepräge. Zusammen mit dem Feldstein würde dies einem Zen-Garten alle Ehre machen. Unregelmäßig oder spärlich belaubte Zweige kann man auch gut unbeschnitten lassen.

Garten-Fußböden

Die Gestaltung des Bodens bestimmt den Charakter Ihres Gartens in erheblichem Maße mit. Durch die große Auswahl an Materialien sind Ihrer Fantasie keine Grenzen gesetzt, um Ihrem Grundstück eine interessante Struktur und ein ganz eigenes Raumgefühl zu verleihen.

Zögern Sie nicht, verschiedene Werkstoffe zu kombinieren. Auch, wenn Sie sich vor allem Rasen wünschen, muss sich dieser nicht über den gesamten Garten erstrecken. Kombiniert mit einer geschickt platzierten Stein- oder Holzterrasse wird aus dem Garten eine spannende Landschaft. Das gilt auch umgekehrt: Selbst ein minimalistisches, gepflastertes Grundstück profitiert von einem Rasenstück als grünem Blickfang.

Sie brauchen sich auch nicht auf ein einziges Material zu beschränken – mit etwas Fantasie und Finesse lassen sich die verschiedensten Arten von Bodenbelägen geschmackvoll und originell kombinieren. Wenn Sie umgekehrt große Feldsteine aus Ihrem Garten entfernen, können Sie die so entstandenen Freiräume auf die verschiedenste Weise ausfüllen und beleben – mit Vogelbädern, Büschen oder Bäumen zum Beispiel.

QUER DENKEN

Die größten Veränderungen jedoch lassen sich durch ein wenig Querdenken erzielen. Experimentieren Sie mit dem Übergang zwischen Gartenpflaster und Rasen oder Beet, indem Sie etwa große und kleine Steine, raue und glatte Texturen oder Pflanzen und Steine kombinieren. Vergessen Sie dabei die Bodendecker nicht! Sie sind so schön wie dankbar und pflegeleicht, denn viele von ihnen fühlen sich auch an schattigen und trockenen Standorten wohl, die für andere Pflanzen problematisch sind.

①

②

① Hier wurden Thymianpflanzen in die Lücken des Randabschlusses gepflanzt. Dieser fühlt sich auch an trockenen Standorten wohl und bildet bald dichte, füllige Polster.

② Kleine Ursache – große Wirkung: Ersetzen Sie ein paar Platten Ihrer Auffahrt mit Kieselsteinen oder Lavendelbüschen und Sie werden über das Ergebnis staunen! Auf einmal wirkt die Betonpflasterung nicht mehr langweilig und abweisend.

③ Eine Bodenplatte wurde weggelassen und mit grobem Kies gefüllt. Lavendel ist widerstandsfähig und kann auch Trockenheit gut vertragen. Eine Außenleuchte weist abends den Weg ins Haus.

④ Durch das Weglassen einer ganzen Reihe von Platten werden Auffahrt und Eingangsbereich optisch voneinander getrennt. Durch Bäume und Gartenleuchten wird diese Teilung noch verstärkt.

③

① Auch im Garten kann man mit verschiedenen Materialien experimentieren – hier mit Holz, Strandkieseln, Steinplatten und Ziergräsern.

② Ein scharf definierter Übergang zwischen Rasen und Terrasse verstärkt das Raumgefühl. Hier wurde ein Kiesbeet mit Ziergräsern und Springbrunnen angelegt. Die Holzpfähle sind mit Stahlseilen versehen, an denen sich Kletterpflanzen wie z. B. Clematis emporranken.

③ Warum nicht einmal umgekehrt? Hier dominiert der Kiesbelag zwischen den locker verlegten Bodenplatten.

④ Wer sagt denn, dass Betonplatten langweilig aussehen müssen? Hier wurden strategisch Lücken gelassen und mit Duftpflanzen wie Lavendel und Wollziest bepflanzt oder mit dekorativen Vogelbädern ausgefüllt.

①

②

③

① Betonplatten, Pflastersteine, Keramikfliesen und Kieselsteine bilden hier ein unkonventionelles und einladendes Patchwork. Eine kleine Gartenfläche gewinnt oft dadurch, dass man sie in verschiedene Bereiche unterteilt und diese mit unterschiedlichen Bodenbelägen versieht.

② Lassen Sie ruhig Ihrer Fantasie freien Lauf! Dieser charmante Gehweg ist eine humorvolle Kombination aus allerhand Materialien wie Fliesen, Bodenplatten und Ziegeln. Sogar ein alter Brunnendeckel ist dabei.

③ Strandkies und ein paar Natursteinplatten – viel mehr braucht man gar nicht für einen sommerlichen Garten! Denken Sie an die Unterlage aus Gartenvlies, um das Unkraut fernzuhalten.

④ Bruchschiefer wirkt zwanglos und ist sehr pflegeleicht.

①

②

③

④

①

②

① Durch die locker auf einem Kiesbett verlegten Betonplatten mit weichen Konturen wird dieser Gartenweg zu einem echten Hingucker.

② Klare Linien und scharf umrissene Konturen: Drei Vogelbäder aus rostfreiem Stahl passen sich perfekt in die minimalistische Linienführung ein. Bambus sorgt für Leben und Bewegung.

③ Ein Beet aus groben Strandkieseln mit einigen wenigen immergrünen Pflanzen ist pflegeleicht und das ganze Jahr über schön.

④ Für so ein Pflaster aus Eichenscheiben braucht man schon etwas Zeit, aber das Ergebnis kann sich sehen lassen. Die Scheiben mit einem Gummihammer in einer Lage Kiessplitt festklopfen und die Zwischenräume mit demselben Material auffüllen. Anschließend den Kies mit einer Rüttelmaschine gut verdichten. Wenn man die Oberflächen zusätzlich mit Sättigungsöl behandelt, halten sie länger.

⑤ Elegant und pflegeleicht: Betonplatten und Kies, Thuja-Spiralen und Bodenstrahler.

⑥ Für diesen dekorativen kleinen Vorplatz wurden übrig gebliebene Natursteinplatten mit Pflastersteinen kombiniert.

③

④

⑤

⑥

①

① Sternmoos ist eine schöne Alternative zum Rasen. Man braucht es nicht zu mähen, es fühlt sich angenehm unter den Füßen an und wo es sich erst einmal etabliert hat, wird garantiert kein Unkraut mehr wachsen. Der Gartenweg aus unregelmäßig geformten Natursteinplatten steht in interessantem Kontrast zu den locker verteilten Buchsbaumkugeln.

② Formschön und pflegeleicht: Nehmen Sie ein paar Bodenplatten heraus, schütten den so entstandenen Hohlraum mit Kies auf und pflanzen Buchsbaum und Efeu.

③ Größere Flächen wirken weniger langweilig, wenn Sie den Platten- oder Ziegelbelag durch Kopfsteinflächen auflockern. Betonen Sie den Kontrast, indem Sie den Kopfsteinpartien weiche, runde Konturen geben.

②

③

①

②

① Die einfachste Methode, einen langweiligen Gartenweg aufzulockern ist, die Platten statt auf Kante auf Spitze zu verlegen. So entsteht ein hübsches Muster aus Gras und Platten.

② Vor dem Gewächshaus liegt eine „Fußmatte“ aus zusammengesuchten Fliesen und Ziegeln.

③ Ein paar in den Rasen eingelassene Schieferplatten geben sicheren Halt bei der Gartenarbeit.

④ Wenn man zu dicht am Haus pflanzt, dringt viel Feuchtigkeit in die Grundmauern. Durch eine umlaufende Holzterrasse wird das vermieden. Sie ist pflegeleicht, fühlt sich angenehm unter den Füßen an und es ist darauf reichlich Platz für Kübelpflanzen.

⑤ Hier wurden handgroße Steine locker in den Boden aus Gussbeton eingelassen, um das Gesamtbild aufzulockern.

⑥ Eine unkonventionelle Lösung: Rund um dieses Haus wurde eine Terrasse aus Gussbeton angelegt und in die noch feuchte Oberfläche Grobkies eingestampft. Eine so große Fläche muss ein leichtes Gefälle haben, damit das Regenwasser ablaufen kann.

④

⑤

⑥

① Auch hier wurde mit einfachen Mitteln eine beeindruckende Wirkung erzielt: Sanft geschwungene Kiesflächen lockern den langweiligen, konventionelle Rasen auf. Randsteine sorgen für scharfe Konturen.

② Diese Terrasse wird durch die Kombination sehr verschiedener Materialien interessant: Der schlichte Holzboden wird von einem Kreis aus Pflastersteinen durchbrochen.

①

②

①

②

① Schachbrettartig verlegte Bodenplatten, locker verteilte Flechtwände und Bambus geben hier den Ton an. Zwei imposante Steinlöwen bewachen den Eingang in das fernöstliche Paradies. Hier zeigt sich deutlich, wie wichtig die Materialwahl für das gewünschte Endergebnis ist.

② Ein Wandelsteg aus Holzbohlen ist eine attraktive Lösung für dunkle, sumpfige oder lehmige Stellen auf Ihrem Grundstück.

③ Glücklich ist, wer über so eine Sammlung antiker Mühlsteine verfügt. Sie sind besonders in Verbindung mit Wasser äußerst dekorativ.

③

Spaliere

Lassen Sie die Pflanzen klettern

Kletterpflanzen sorgen für eine ganz besondere Atmosphäre im Garten. Dabei ist es jedoch mindestens ebenso wichtig, woran sich die Gewächse Ihrer Wahl empor ranken. Aus Holz, Bewehrungsgitter, Stahlkabeln, Weidengeflecht oder Bambus lassen sich so dekorative wie praktische Klettergerüste bauen, die den Pflanzen ermöglichen, auf die für sie am Besten geeignete Art und Weise empor zu wachsen. Es wird sich bestimmt ein Material finden, das besonders gut zum Stil ihres Gartens passt.

Weit davon entfernt, ein bloßes Klettergerüst zu sein, kann so ein Spalier auch eine stilistische Hauptrolle in Ihrem Garten spielen. Das Bambusgerüst auf Seite 73 ist ein gutes Beispiel dafür.

BEWEHRUNGSGITTER

Bewehrungsgitter bekommt man in jedem Baumarkt. Das Material ist billig, leicht zu verarbeiten und lässt sich mit vielen verschiedenen Stilrichtungen kombinieren. Außerdem entwickelt unbehandeltes Metall mit der Zeit eine dekorative Rostschicht.

① Ein waagerechter und ein senkrechter Streifen Bewehrungsgitter hilft der Passionsblume, sich an der Holzwand empor zu ranken. Auch im Winter ist das nackte Spalier ein dekorativer Anblick.

② Im Sommer wird der Eingang des Gartenhäuschens von Clematisranken eingerahmt.

③ Wird es in einigem Abstand zur Hauswand platziert, können an dem Spalier auch größere Pflanzen empor klettern.

④ Ein spielerisches Detail: Hier wurde ein Streifen Bewehrungsgitter zu einem Bogen geformt. Ein Glasprisma sorgt für attraktive Lichtreflexe.

①

②

③

①

③

④

⑤

① ② Dieser Garten liegt zwischen zwei stark befahrenen Straßen, sodass eine hohe, mit Efeu bewachsene Mauer als Sicht- und Lärmschutz angelegt wurde. Sie besteht aus mit Bewehrungsgitter fixierten Torfballen. Es wird nicht mehr lange dauern, bis die Pflanzen die gesamte Oberfläche bedecken.

③ So dekorativ kann schlichtes Bewehrungsgitter sein. Extra-Hingucker sind die kleinen, in die Lücken gehängten Moosballen.

④ Unter dem Terrassendach befestigte Platten aus Bewehrungsgitter laden Kletterpflanzen dazu ein, den überdachten Vorplatz in eine grüne Laube zu verwandeln. Außerdem kann man dort bestens Laternen und Girlanden für Grillparties und lauschige Sommernächte befestigen.

⑤ Zwei in geringem Abstand nebeneinander angebrachte Bewehrungsstahlplatten dienen als filigrane Trennwand zwischen Terrasse und Garten.

STAHLKABEL

Stahlkabel sind sowohl für große als auch für kleine Außenbereiche gut geeignet. Sie lassen sich senkrecht, waagerecht oder schräg spannen, zum Beispiel als filigranes Grundgerüst für eine begrünte Pergola. Ein locker um einen Holzpfosten geschlungenes Kabel dient als Kletterhilfe und ist in der Übergangszeit ein dekorativer Blickfang.

① Wenn die Kletterpflanzen die senkrecht gespannten Kabel emporgewachsen sind, geht es waagerecht weiter, bis eine grüne Laube entstanden ist.

② Das Holzspalier wird durch ein paar senkrechte Stahlkabel aufgelockert. Wer mag, kann daran auch unterschiedliche Arten von Kletterpflanzen empor wachsen lassen.

③ Die Kabel winden sich locker den Holzpfahl hinauf und geben der Kletterpflanze auch über diesen hinaus Halt.

①

②

③

BAMBUS, WEIDE UND HOLZ

Diese Naturmaterialien bieten schier unendliche Möglichkeiten. Hier zeigen wir Ihnen ein paar schöne Beispiele, doch das Material ist so leicht zu verarbeiten, dass Sie bestimmt bald selbst auf neue Lösungen kommen werden. Bambus kann man in allen gut sortierten Gartencentern kaufen.

① Spaliere aus Weidengeflecht kann man entweder fertig kaufen oder selber machen. Sie passen sowohl in den Blumen- als auch in den Gemüsegarten – oder, wie hier, als Kletterhilfe an die Hauswand.

② Vor der Bambuswand wurden ein paar Bambuspfosten in den Boden eingelassen. Daran ranken sich ein paar schnell wachsende Pflanzen empor. Schon bald werden sie ganz von Grün bedeckt sein.

③ Zusammen mit der schönen Buddhastatue bildet das begrünte Bambusspalier ein attraktives Stillleben.

①

②

① 

② 

③ 

① ② Das stabile Holzspalier passt gut zu den klaren Linien dieses Hauses. Es sind oft die kleinen Details, die dem Ganzen den gewissen Pfiff geben. Das Spalier besteht aus zwei Teilen, die mit leichtem Abstand voneinander angebracht wurden.

③ Das gleiche Spalier wie auf der Abbildung oben scheint durch den anderen Hintergrund mit seiner Umgebung zu verschmelzen.

④ Kunst im Garten: Schwarz gestrichene Holzpfosten bilden einen grafischen Kontrast zur weißen Hauswand. Die grünen Efeuranken lockern die harten Linien etwas auf.

④

Zäune und Wände

Zum Einrahmen und Abschirmen

Nun stellt sich die Frage, welche Umzäunung Ihrem Garten den richtigen Pfiff gibt. Eine buschige Hainbuchenhecke vielleicht, Weidenzäune oder eine stilechte Steinmauer? Soll sie hoch oder niedrig sein, diskret oder farbenfroh?

VON INNEN SO SCHÖN WIE VON AUSSEN

Die Wahl des Gartenzauns bedarf schon einiger Vorüberlegung. Er soll ja immerhin im Hinblick auf Materialwahl, Stil, Farbe und Höhe zu Ihrem Haus passen. Vergessen Sie dabei auch nicht, dass das Ergebnis immer von zwei Seiten gesehen wird, und daher auch von außen betrachtet einen angenehmen Anblick bieten soll.

NACH UND NACH ENTSCHEIDEN

Vielleicht brauchen Sie auf Ihrem Grundstück mehr als nur eine Abgrenzung nach außen. Auch der Garten selbst kann durch die Unterteilung in kleinere Einzelbereiche gewinnen. Ein Garten, der nicht alle seine Geheimnisse auf den ersten Blick preisgibt, ist einfach spannender. So kann der Besucher sich auf eine richtige kleine Entdeckungsreise begeben und sieht bei jedem Schritt etwas Neues. Durch die Unterteilung in verschiedene Bereiche kann ein kleiner Garten durchaus auch größer und weitläufiger wirken.

DIE AUSWAHL IST GROSS

Solche Raumteiler brauchen nicht einmal sehr markant zu sein – schon eine niedrige Buchsbaumhecke zeigt deutlich, wo ein Bereich aufhört und der nächste beginnt. Wir konzentrieren uns in diesem Buch zwar auf Zäune, Mauern und Spaliere, doch Sie können selbstverständlich genauso gut Hecken, Büsche und Beete als Raumteiler einsetzen. Der Vorteil von konstruierten Raumteilern ist, dass sie ihre Funktion sofort erfüllen. Pflanzen brauchen meist ein paar Jahre, bis sie sich zur richtigen Höhe und Fülle zurecht gewachsen haben.

Grüne Wände

Für ganz Eilige gibt es ausgewachsene Heckensträucher fertig zu kaufen. Haben Sie ein wenig mehr Zeit, pflanzen Sie schnell wachsende Kletterpflanzen vor ein selbst gesetztes Spalier. Hier stellen wir Ihnen ein paar schöne und wuchsfreudige Kletterpflanzen vor.

Pfeifenwinde

Aristolochia

Die großen herzförmigen Blätter der Pfeifenwinde oder Osterluzei sind von einem wunderbar leuchtenden Grün. Sie kommt zwar recht langsam in Gang, doch dann bedeckt sie bald große Flächen mit ihrem dichten Blattwerk. Im Sommer bilden sich kleine, bräunliche Blüten, die ein wenig an Meerschaumpfeifen erinnern, im Schutze der Blätter – daher auch der Name!

Die Pfeifenwinde ist sehr pflegeleicht: Sie stellt keine besonderen Ansprüche an die Bodenbeschaffenheit, wird selten von Schädlingen befallen und gedeiht sowohl in der Sonne als auch im Schatten. Die Pflanzen werden 6–7 m hoch und brauchen daher stabile Kletterhilfen.

Wilder Wein

Parthenocissus quinquefolia

Schon früh im Sommer entfaltet der wuchsfreudige Wilde Wein seine hellgrünen Blätter, die sich im Herbst leuchtend rot färben. Im Laufe von wenigen Jahren bedeckt er große Wandflächen, eignet sich aber übrigens auch ausgezeichnet als Bodendecker. Wilder Wein, auch Jungfernrebe genannt, ist anspruchslos und fühlt sich in Sonne und Halbschatten ebenso wohl wie im Schatten.

Efeu

Hedera

Efeu ist eine immergrüne Schönheit mit zumeist glänzenden, dunkelgrünen Blättern. Es gibt aber inzwischen viele Farbvarianten. Die schnell wachsende Pflanze ist äußerst widerstandsfähig und braucht wenig Dünger. Manche Arten werden 10–15 m hoch, normalerweise sind es jedoch rund 5 m. Efeu fühlt sich im Schatten oder Halbschatten am wohlsten. Durch die Haftwurzeln findet er fast überall Halt und braucht daher keine Kletterhilfe.

Clematis

Clematis

Wünschen Sie sich eine blühende, begrünte Wand, dann liegen Sie mit Clematis genau richtig. Sie ist recht anspruchslos, blüht kräftig und es gibt sie in schier unendlichen Farbvariationen zu kaufen. Manche Arten blühen eher unscheinbar, während andere mit großen, farbenprächtigen Blüten protzen. Je nach Sorte blüht Clematis schon im Vorfrühling oder bis spät in den Herbst hinein. Wenn Sie mehrere verschiedene Arten pflanzen, haben Sie das ganze Jahr über eine herrliche Blütenpracht.

MAUERN

① Egal, ob Sie in einer ultramodernen Villa, im Reihenhaus oder auf einem alten Landsitz wohnen, eine Mauer aus Naturstein passt immer dazu. Mit Sukkulenten wie Dach-Hauswurz oder Fetthenne bewachsen ist sie noch einmal so schön.

② Eine verspielte Variante ist diese zwanglose Mischung aus allerlei zusammengesuchten Elementen. Schön auch zur stellenweisen Auflockerung einer konventionellen Natursteinmauer oder als allein stehender Blickfang im Garten.

③ Eine schlichte weiße Wand bildet den idealen Hintergrund für Blumen in kräftigen Farben – hier sind es Klatschmohn und Margeriten. Die unmittelbare Nähe von Pflanzen und Blumen lockern die klaren Formen ein wenig auf, denn weiße Wände können besonders im Sonnenschein sehr hart und blendend wirken. Sie passen ebenfalls zu den meisten Baustilen.

④ Eine traditionelle Trockensteinmauer ist ganz besonders charaktervoll, doch man sollte es sich gut überlegen, bevor man große Grundstücke damit umgrenzt.

①

②

③

①

②

③

HOLZZÄUNE

① Lattenzäune sorgen für ein interessantes Schattenspiel im Garten. Sie geben ein gewisses Maß an Sichtschutz, ohne allzu abweisend zu wirken und passen ebenso gut zum modernen Baustil wie zu Altbauten und Landhäusern. Diese Art von Lattenzäunen lassen sich auch ausgezeichnet mit Hecken kombinieren.

② Die Bambushecke belebt den traditionellen Lattenzaun und sorgt das ganze Jahr über für raschelndes Grün.

③ Weidenzäune oder -paravents lassen sich mit vielen verschiedenen Pflanzen und Materialien kombinieren. Sie schaffen einen fließenden Übergang zwischen verschiedenen Gartenbereichen. Für eine fernöstliche Atmosphäre sorgt die Verbindung mit Kies und Bambus, Mohn und Ziergräser wirken zwanglos, während Rosen und Clematis für den Romantiker genau das Richtige sind.

① ② ③ Fichtenbohlen sind von Natur aus schön und sehr haltbar. Je nachdem, ob Sie sie senkrecht oder waagrecht anbringen, verändert sich der Charakter der Umzäunung. Wenn Sie verschiedene Stärken miteinander kombinieren, wirkt das Ganze zwangloser. Unbehandelte Kiefer, wie auf diesen Abbildungen, ist ein sehr widerstandsfähiges Material, das bis zu 40 Jahre lang halten kann. Die Schnittkanten sollten jedoch gegen Fäulnis behandelt werden. Für die Querstreben sägen Sie einen Stamm der Länge nach durch und nageln die Fichtenbohlen an der flachen Seite fest.

④ Ein schöner und ungewöhnlicher Blickfang: Die Enden der für diese Flechtwand verwendeten Äste ragen weit und unregelmäßig über die obere Querstrebe hinaus. So eine Kreation eignet sich auch als Kletterhilfe für Rosen oder Clematis im Ziergarten – und für die Stangenbohnen im Gemüsegarten!

①

②

③

④

SICHTSCHUTZWÄNDE

① Eine ideale Lösung, wenn Sie eine große Fläche in kleinere Bereiche aufteilen wollen, ohne das Gefühl von Weitläufigkeit einzubüßen. Die Querbalken verbinden die Lattenspaliere zu einer optischen Einheit. An jedem Spalier rankt sich Clematis, Kletterhortensie oder Efeu empor und verwandelt die Terrasse in eine Galerie voller lebender Kunstwerke. Weiß oder hellgrau gestrichene Spaliere sorgen für eine völlig andere, weichere Atmosphäre und sind besonders schön im Verbund mit Pflanzen, die in kräftigen Farben blühen, zum Beispiel Kletterrosen.

② Das grobe Raster dieses frei stehenden Spaliers passt besonders gut zu den großen Blättern der Pfeifenwinde. Das Spalier trennt die Terrasse optisch vom Garten, engt jedoch den Blick nicht ein. Die Pfeifenwinde ist ideal, um rasch große Flächen zu begrünen.

③ Eine Bambushecke vor dem sanft geschwungenen Lattenzaun sorgt für Sichtschutz auf der Terrasse.

①

②

③

① Auf einem großen, unstrukturierten Grundstück fühlt man sich schnell verloren. Hier wurde ein Bereich mit Kopfsteinen gepflastert und von einem grob gerasterten, in einer niedrigen Buchsbaumrabatte stehenden Flechtzaun begrenzt. Das gibt Konturen, ohne einzuengen.

② Vor dem eleganten, leicht gebogenen Lattenzaun kommen die Rosenbäumchen besonders gut zur Geltung.

③ Wollen Sie den Außenraum rechtwinklig unterteilen, versuchen Sie es einmal mit parallel angeordneten Flechtwänden. Die einzelnen Abschnitte lassen sich so ganz unterschiedlich bepflanzen und einrichten, während man sich durch die durchbrochenen Wände zwar vor Wind und allzu neugierigen Blicken geschützt, jedoch trotzdem nicht völlig isoliert fühlt.

①

②

③

SPANNENDE DETAILS

① Zaunabschluss einmal anders: Kreative Lösungen müssen nicht viel kosten.

② Eine Reihe von Feldsteinen mildert die harten Kanten der gefliesten Terrasse etwas ab. Denken Sie daran, dass Holzzäune nicht direkt mit dem Boden in Berührung kommen dürfen, da sie sonst schnell verrotten.

③ Ein Stück Hühnerdraht, zwischen zwei senkrechte Holzpfosten gespannt, dient als Rankhilfe für Kletterpflanzen. Die oberen Enden wurden mit fertig gekauften Pfostenkappen verziert.

④ Eine Buchenhecke lässt sich nach Geschmack formen und zurecht schneiden. Die Gartenpforte wird von einem dekorativen grünen Bogen überspannt.

①

②

③

④

①

②

SICHTSCHUTZWÄNDE

① Eine Matte aus Weidenzeigen lockert die harte Linienführung des Lattenzauns etwas auf. Bei Sonnenschein zeigt sich hier ein interessantes Schattenspiel.

② Durch den Einsatz von verschiedenen Materialien kann man schöne und überraschende Wirkungen erzielen. Hier wurde der Lattenzaun mit Bambus kombiniert.

③ Warum eine Mauer ziehen, wenn so ein begrünter Lattenzaun vor dem Carport einen ebenso funktionellen wie attraktiven Sichtschutz bietet?

④ Waagerechte Flechtzäune eignen sich hervorragend als attraktive Beetumrandung und wirken besonders gut im Verbund mit ähnlichen Elementen wie dieser Kletterhilfe aus Weidengeflecht.

③

Dekoration

Das Schöne noch schöner machen

Das Schönste an der Gartengestaltung sind die kleinen Details. Das kann alles umfassen, angefangen von einer ungewöhnlichen Pflanze bis hin zu einem dekorativen Mobile. Hier geben wir ein paar Anregungen dazu, wie Sie Ihrem Garten durch geschickt gewählte Pflanzen eine besondere Note verleihen, die bereits vorhandenen Bäume auf die beste Art und Weise nutzen und stimmungsvolle Dekorationen selbst basteln können.

GRÜNPFLANZEN

① Über den saftigen „Rasen" aus Sternmoos führt ein Pfad aus locker verlegten, unregelmäßig geformten Feldsteinplatten. Buchsbaumkugeln in verschiedenen Größen sind ein sehr effektvoller Blickfang. Sternmoos ist eine gute Alternative zum Rasen, denn man braucht es nicht zu mähen und es fühlt sich sehr angenehm unter den Füßen an.

② Selbst, wenn der Garten überwiegend aus Grünpflanzen bestehen soll, kann man seiner Schaffensfreude freien Lauf lassen, indem man verschiedene Farbtiefen, Texturen und Blattformen miteinander kombiniert. Hier werden Haselwurz und Veronica vom Zwergbambus ‚Simba' eingerahmt. Diese Kombination fühlt sich im Schatten bis Halbschatten am wohlsten.

①

①

① ② ③ Efeu als Bodendecker hält die Feuchtigkeit im Boden und schafft daher ein ideales Milieu für Zwiebelpflanzen. Wenn Sie verschiedene Sorten verwenden, die zu unterschiedlichen Zeiten blühen, dann haben Sie stets Abwechslung in Ihrem Efeubeet. So stecken im Frühling vielleicht Schneeglöckchen ihre Köpfchen durch das Blätterdach, während ein paar Monate später dort ein Feld von Schachblumen wogt.

②

③

① Lange, schmale Gänge wirken meist sehr langweilig. Hier wurden direkt an der Hauswand ein paar Gehwegplatten entfernt und die so entstandene Lücke mit Bambus bepflanzt. Der Boden wurde mit Kies bedeckt.

② So pflegeleicht wie dekorativ: In dem von Holzbalken eingerahmten Hochbeet wachsen Ziergräser und Walderdbeeren.

③ Sternmoos ist nicht nur als Bodendecker schön, sondern auch als Blickfang in einer dekorativen Keramikschale.

④ Hier wurden die unteren Blätter von den Bambuspflanzen entfernt, sodass aus der kompakten Hecke ein schattiges Mini-Wäldchen wurde. So kommt das Beet mit den Zierfarnen zu seinem Recht und die Gartenlaternen sorgen am Abend für ein spannendes und stimmungsvolles Schattenspiel.

①

②

④

BAUM-SPIELEREIN

① Um den Baumstamm erhebt sich ein lockerer „Wigwam“ aus Weidentrieben. Dazwischen wachsen Lavendelbüsche.

② Die dünnen Stämme der Bäume auf dem Vorplatz bekommen durch eine niedrige Umrandung aus Buchsbaum Substanz und bilden eine optische Einheit.

③ Der Baum auf diesem Hof ist zu niedrig, um darunter zu sitzen. In seinem Schatten gedeihen stattdessen immergrüne Bodendecker.

④ Eine malerische Kombination: Zarte Bäume mit kompakten Kugeln aus Buchsbaum.

①

②

③

④

① Nach Maß zugeschnittene Edelstahlstreifen dienen hier als originelle Beetumrandung. Bald wird der Boden um den Stamm von Gewöhnlicher Haselwurz ausgefüllt sein.

② Der riesige Baum steht in einer dichten, dunkelgrünen Matte aus Haselwurz. Die Größe und Form eines solchen Beetes sollte sich stets nach Höhe und Umfang des Baumes richten.

③ Noch eine effektvolle Möglichkeit, den leeren Raum unter einem Baum zu füllen: Die dicht gepflanzten Bodendecker werden von einer niedrigen Buchsbaumhecke eingerahmt.

④ Wie eine grüne Matratze: Bis hin zum Plattenweg erstreckt sich das dichte Beet aus Sukkulenten und immergrünen Pflanzen.

①

②

③

④

HÄNGENDE DEKORATIONEN

① ② Windlichter aus Glas baumeln an langen Bindfäden unter der Baumkrone. Sie sind auch tagsüber ein attraktiver Anblick.

③ Bohren Sie Löcher in Ihre selbst gesammelten Steine, fädeln Sie daraus dekorative Girlanden und befestigen diese einzeln oder in Gruppen an überhängenden Ästen.

④ Die selbst gebastelte Kugel aus Weidenruten und Hühnerdraht ist ein richtiges Kunstwerk. Experimentieren Sie ruhig mit allem, was Ihnen sonst noch an Material in die Finger fällt!

⑤ ⑥ ⑦ Keramikscheiben, Windlichter, Vogelkörbe und Glastropfen als Gartendekorationen – die Möglichkeiten sind unendlich!

①

②

④

⑤

⑥

⑦

①

STIMMUNGSVOLLE DETAILS

① Ein Metallkorb mit Muschelschalen leistet den Topfpflanzen auf der Terrasse Gesellschaft.

② Ein Mobile aus Treibholz, Muschelschalen und Strandkieseln erinnert an Sommer und lange Strandspaziergänge.

③ Garantiert wetterfest sind diese „Skulpturen“ aus Hühnerdraht und Muschelschalen.

④ Ein Miniregal außen am Gartenhäuschen – für eine ständig wechselnde Ausstellung mit den schönsten Strandfunden und den neuesten sommerabendlichen Basteleien.

②

③

④

①

②

③

① Egal, ob Gartenzwerg oder Buddhakopf – Skulpturen sind für den Garten wie geschaffen.

② Überraschende Einblicke gewährt der in der Efeuhecke versteckte Spiegel.

③ Die Holzterrasse schließt zur Wand hin mit einer erhöhten Kante ab. In die verbleibende Lücke sind in regelmäßigem Abstand Spots eingelassen, die abends für stimmungsvolle, indirekte Beleuchtung sorgen. Die Zwischenräume wurden mit Kies aufgefüllt.

④ In einem kleinen Garten zählt jeder Quadratzentimeter und pfiffige Lösungen sind immer willkommen. Hier dienen Standard-Bodenplatten als Beetumrandung, auf der zusätzliche Topfpflanzen, Gießkannen und dekorative Steine Platz haben.

Kinder-
Garten

Eine Ecke ganz für uns alleine ...

Kleine Gärtner sind oft besonders stolz auf ihr Stückchen Erde, denn Kinder sind fasziniert von dem, was da so wächst und gedeiht. Auch an ausreichend Platz zum Spielen sollten Sie bei der Gartenplanung denken: zum Schaukeln, Klettern, Bolzen und Rennen und nicht zuletzt zum Verstecken. Hier finden Sie einige erprobte Vorschläge.

WO COWBOYS UND INDIANER WOHNEN

Eine Rolle Rasen, ein paar Säcke voll Gartenerde und ein paar Requisiten sind alles, was Sie für diese Prärielandschaft benötigen! Wenn Ihr Kind Dinosaurier oder Prinzessinnen vorzieht oder einen kleinen Bauerhof bauen möchte, lässt sich das natürlich damit auch einrichten.

① So eine Spielecke sollte im Halbschatten liegen, damit es an schönen Sommertagen dort nicht zu heiß wird.

Entfernen Sie alles Unkraut von der Stelle und verteilen ein paar Säcke voll Gartenerde darauf. Dann formen Sie Vertiefungen und Hügel und verdichten die Erde, so gut es geht. Verteilen Sie eine neue Schicht Erde darüber und wiederholen die Prozedur so lange, bis die Landschaft Ihren Vorstellungen entspricht. Sie können die Erde zwischen den Arbeitsgängen auch befeuchten.

② Legen Sie ein paar Streifen Tapete über die Landschaft zeichnen darauf Straßen, Flüsse und Seen ein und schneiden diese aus.

③ ④ Legen Sie den Rasen auf der Landschaft aus. Dann legen Sie die Tapetenschablone auf und schneiden die entsprechenden Details mit einem Messer aus. Dann wird der Rasen nach Anleitung des Herstellers weiter behandelt. Nun muss er erst einmal ruhen und regelmäßig gegossen werden. Nach etwa drei Wochen können die Indianer einziehen

①

②

③

④

Das Gras im Spielzeugland muss regelmäßig „gemäht" werden. Das geht am besten mit einer Schere. Wenn Sie dabei die Graslänge variieren, entstehen noch zusätzliche Landschaftsdetails. Für einen kleinen See versenken Sie einen wasserdichten Behälter in der Erde und füllen ihn mit Wasser.

①

DIE ALLERKREATIVSTE GARTENECKE

① Auch die Spielecke der Kinder wird gemütlicher mit ein paar hübschen Dekorationen. Das originelle Wandbild besteht aus Treibholz, Plastikgräsern und ein paar Blumen und Schmettlingen aus Metall.

② Mit Straßenkreide können die Kinder den ganzen Sommer über immer wieder neue Kunstwerke fabrizieren.

③ Eine Sandkiste muss gar nicht unbedingt groß sein, um ihren Zweck zu erfüllen. Für einen kleinen Garten ist so ein Holzbottich genau das Richtige.

④ Die Sandkiste ist auch an heißen Tagen von hohen Bambuspflanzen gut beschirmt. Wenn das Kind dem Sandkasten entwachsen ist, kann man diesen durch eine Sitzecke oder ähnliches ersetzen und schon wird daraus eine grüne Laube.

②

③

④

①

RITTERBURG UND PRINZESSINNENSCHLOSS

① ③ Das Spielhaus mit dem angebauten Schaukelgestell wurde in der Farbe des Gartenzauns gestrichen, sodass es sich harmonisch in die Umgebung einfügt. Das kleine Fenster hat sogar einen Blumenkasten zum selbst Bepflanzen.

② Welches Kind hätte nicht gern eine eigene Burg zum Spielen? Holzpaneele sind ideal, um daraus Burgen und Schlösser nach eigenen Entwürfen zu bauen. Lassen Sie die Kinder ruhig mitentwerfen!

②

② 

① Die Piratenflagge auf der Aussichtsplattform hält ungebetene Landratten fern.

② Es geht doch nichts über ein eigenes Häuschen im Garten, wo man ungestört seine Comic-Hefte lesen kann!

Vielen Dank an

Sanna, Maud, Fredrika und Karin
Ting Ute&Inne, Trelleborg
Monica Enberg, Borstahusen
Familie Molander, Habo Ljung
Familie Henriksson, Habo Ljung
Anne Berndtsdotter, Limhamn
Anders Mårtensson, Limhamn
Bjärreds trädgårdspil, Borgeby
Monne Ljungberg, Limhamn
Familie André, Västra Hamnen, Malmö
Åsa Wimar, Västra Hamnen, Malmö
Gio Fornell und Carin Jorup, Malmö

Familie Tomasson, Mariastaden, Helsingborg
Ingrid und Bobbo Larsson, Skanör
Trädgårdstjänst Fischer & Sundblad AB, Ystad
Minjami, Limhamn
Apotekarens trädgård, Simrishamn
Pilehaven, Domsten
Archtekturbüro Bror Boije, Lerberget
Birgitta und Tommy Grönlund
Barbro und Roland Linder, Olseröd
Åke Axelsson, Ramlösa
Lisa Mannheimer, Lund
Mats und Konrad

Originalausgabe:
Kreativa Kvadratmeter

ISBN 978-91-534-2981-4

Deutsche Ausgabe:

Übersetzung: Wiebke Krabbe, F-Callian
Satz: Punkt für Punkt GmbH • Mediendesign, Düsseldorf
Gedruckt in Italien

ISBN 978-3-512-03326-1